Cantanti e Canzoni Italiane
Italian Singers and Songs

Italian language reader on ten of the most popular
contemporary Italian singers

Intermediate/advanced level, with activities and solutions

Redazione a cura di Claudia Saputo

Long Bridge Publishing

Cantanti e Canzoni Italiane - Italian Singers and Songs
Italian language reader on ten of the most popular contemporary Italian singers,
Includes: activities and solutions. Intermediate/advanced level

Copyright © 2012 Long Bridge Publishing. All rights reserved.

All rights reserved. No part of this publication may be reproduced or transmitted in any form or by any means, electronic or mechanical, including photocopy, recording, or any information storage and retrieval system, without permission in writing from the publisher.

Visit Long Bridge Publishing for more books and resources for Italian language students: www.LongBridgePublishing.com

Trova altri testi di narrativa per studenti di lingue nel sito: www.LongBridgePublishing.com

Publisher's Cataloging in Publication data

Cantanti e Canzoni Italiane - Italian Singers and Songs: Italian language reader on ten of the most popular contemporary Italian singers / Claudia Saputo
    p.   cm.
   SUMMARY: Italian language reader for intermediate/advanced students, with activities and solutions
  ISBN-13: 978-1-938712-04-3
  ISBN-10: 1-938712-04-8
  1. Italian language - Readers.   2. Music - Italy.   I. Title

Long Bridge Publishing, USA
www.LongBridgePublishing.com

ISBN-13: 978-1-938712-04-3
ISBN-10: 1-938712-04-8

Indice

Introduzione 5
Zucchero 7
    Esercizi 9
Eros Ramazzotti 13
    Esercizi 15
Laura Pausini 19
    Esercizi 21
Giorgia 25
    Esercizi 27
Francesco Renga 31
    Esercizi 33
Gigi D'Alessio 37
    Esercizi 39
Tiziano Ferro 43
    Esercizi 45
Gemelli Diversi 49
    Esercizi 51
Emma 55
    Esercizi 57
Modà 61
    Esercizi 63
Appendice 67
    Come e dove ascoltare le canzoni 67
    Dove trovare i testi delle canzoni 67
Soluzioni 69
    Zucchero 71

Eros Ramazzotti 72

Laura Pausini 73

Giorgia 74

Francesco Renga 75

Gigi D'Alessio 76

Tiziano Ferro 77

Gemelli Diversi 78

Emma 79

Modà 80

Introduzione

Non solo Opera

La musica e l'Italia, nel mondo, sono spesso accomunate alla grande Opera Lirica, quella di Rossini, Verdi e Puccini, ad esempio. Ma anche la musica leggera italiana spesso e volentieri travalica i confini nazionali e si afferma in tutto il mondo attraverso le parole e le voci di grandi cantautori e interpreti come Eros Ramazzotti, Zucchero, Laura Pausini, Tiziano Ferro e molti altri. I testi talvolta vengono tradotti, ma non sempre, perché l'italiano è, e resta, la lingua "più musicale" del mondo, amata e apprezzata a livello globale.

Dalla seconda metà del novecento è il Festival di Sanremo il trampolino di lancio della migliore musica italiana capace di successi internazionali. Il festival sanremese è da decenni il trampolino di lancio dei migliori cantautori ed interpreti della musica leggera, sinonimo italiano di musica pop. A Sanremo muovono i primi passi le grandi star della musica italiana e nascono le grandi canzoni che portano al successo la tradizione melodica italiana sempre aperta ad influenze e contaminazioni jazz, rock, blues, swing o liriche, che rendono ogni artista unico e inimitabile. Ognuno di loro ha la sua storia, le sue passioni, il suo stile musicale. E ognuno ha il suo pubblico e un successo internazionale, che porta un pezzo d'Italia nel mondo.

Zucchero

Adelmo Fornaciari, in arte Zucchero, è nato a Reggio Emilia nel 1955. Tra il 1970 e il 1978 suona con numerosi gruppi musicali, per poi approdare ai "Taxi ", con i quali vince il Festival di Castrocaro nel 1980. Due anni dopo esordisce da solista al Festival di Sanremo, nella categoria Giovani. La canzone in gara è "Una notte che vola via".

Dopo un lungo soggiorno a San Francisco, durante il quale suona nel locale di un amico, torna al Festival di Sanremo nel 1985, con la famosissima "Donne", che viene ignorata dalla giuria, condannata dalla critica, ma ottiene uno straordinario successo commerciale. Anche l'esperienza sanremese del 1986 non lo soddisfa, perché 21esimo con il brano "Canzone triste". Nonostante i Festival di Sanremo non siano per lui occasioni propizie, Zucchero comincia a riscuotere un enorme consenso di pubblico, nazionale e internazionale.

Nella sua carriera ha venduto oltre 50 milioni di dischi e collaborato con alcuni dei migliori musicisti italiani e internazionali. Ha scritto canzoni per artisti del calibro di Gino Paoli, Giorgia ed Elisa; ha duettato, tra gli altri, con Joe Cocker, Miles Davis e Ray Charles, Luciano Pavarotti, Ivano Fossati, Lorenzo Cherubini, Luciano Ligabue, Eric Clapton, Gerard Depardieu, la Blues Brothers Band; e ha collaborato con altrettanti, tra cui Paul Young, Andrea Bocelli, Brian May e Roger Taylor dei Queen.

La sua musica riceve una svolta quando nel 1984 parte alla volta degli Stati Uniti. Di ritorno da San Francisco, infatti, Zucchero definisce finalmente il suo stile e le sue sonorità, arricchendo la sua musica leggera di atmosfere e sonorità rhythm and blues. Le canzoni di maggior successo, infatti, le scrive proprio alla fine degli anni '80.

Nell'album "Blue's", pubblicato nel 1987 e vincitore del Festivalbar, sono contenuti molti singoli di successo come:

- "Senza una donna" (in duetto con Paul Young),
- "Pippo",
- "Non ti sopporto più",
- "Hey Man",
- "Solo una sana e consapevole libidine salva il giovane dallo stress e dall'azione cattolica".

Nel 1989, poi, nell'album " Oro, incenso e birra", ci sono altri grandi successi come "Diavolo in me" e "Diamante", arrangiata sulle parole di Francesco De Gregori e dedicata alla nonna di Zucchero, che si chiamava proprio Diamante.

Oltre al grande amore per la musica, Zucchero ha altre grandi passioni. Nota è la sua mania dei cappelli, che in Inghilterra gli è valsa il soprannome di Cappellaio Matto. Altro grande amore è quello per il calcio: da giovane ha giocato come portiere nei pulcini della Reggiana. Terza grande passione è quella per gli animali, che, da ragazzo, lo ha portato ad iscriversi alla Facoltà di Veterinaria, lasciata poi per seguire la carriera musicale.

Esercizi

La biografia del cantante

Dopo aver letto la biografia di Zucchero, rispondi alle seguenti domande:

1. Ti sembra che il cantante descritto nella biografia abbia avuto un successo immediato?

   ....

   ....

2. Quale genere musicale caratterizza il cantante?

   ....

   ....

3. A quale tipo di pubblico si rivolge Zucchero?

   ....

   ....

Le canzoni

Ascolta una delle canzoni elencate qui sotto e poi rispondi alle domande:

1. Diamante
2. Donne
3. Non ti sopporto più

Il titolo della canzone descrive una persona, un oggetto o un'azione?

....

Riscrivi il titolo della canzone usando un sinonimo.

....

Che ritmo ha la canzone?

....

Di cosa parla la canzone? Chi è il protagonista?

....

....

....

Hai riconosciuto un ritornello? Come fa?

....

....

Quali sono le parole ripetute più volte nella canzone?

....

....

Grammatica

Completa le frasi con l'articolo giusto:

un   uno   una   il   lo   la   i   gli   le

1. Zucchero è _____ cantante famoso.
2. _____ canzone "Donne" è stata un gran successo.
3. Un album contiene _____ raccolta di canzoni.
4. _____ nome d'arte di Adelmo Fornaciari è Zucchero.
5. Al Festival di Sanremo si esibiscono _____ cantanti.
6. Il Blues è _____ stile musicale.
7. _____ canzoni di Zucchero parlano di tanti argomenti.
8. Una delle passioni di Zucchero sono _____ animali.
9. _____ stile musicale di Zucchero si ispira al Blues.

Scrivi il sinonimo degli aggettivi:

Enorme   _____

Immediato   _____

Numerosi   _____

Eros Ramazzotti

Eros Walter Luciano Ramazzotti, in arte solo Eros Ramazzotti, è nato a Roma nel 1963. La passione per la musica la eredita dal padre, che lavora come pittore edile, ma nel tempo libero è musicista e cantante amatoriale. Da bambino Eros studia pianoforte e chitarra, dimostrando una precoce predisposizione per la musica. Finite le scuole medie, prova ad entrare al Conservatorio di Roma, ma viene respinto. Comincia quindi gli studi di ragioneria, ma lascia dopo pochi anni per dedicarsi alla musica.

Dopo diverse partecipazioni a concorsi ed eventi canori, tra il 1981 e il 1983, la fama arriva nel 1984, grazie alla partecipazione al Festival di Sanremo. Con il brano "Terra promessa" vince e spopola a Sanremo Giovani e poi al Festival nella sezione Nuove Proposte. Già da quel momento il suo successo è internazionale: viene applaudito sui palcoscenici tedeschi, austriaci e svizzeri e, nel 1990, persino al Radio City Music Hall di New York, ottenendo autentiche ovazioni dal pubblico americano.

L'anno d'oro di Eros Ramazzotti è il 1994, quando firma un contratto mondiale per la BMG International. L'anno successivo partecipa nuovamente al Festival di Sanremo, stavolta tra i Big. Con la canzone "Una storia importante" non vince, ma il brano diventa ben presto uno straordinario successo commerciale, vendendo oltre 1 milione di copie solo in Francia. Nello stesso anno canta con Rod Stewart, Elton John e Joe Cocker, in occasione del raduno musicale europeo Summer Festival. Con

Joe Cocker nasce un'amicizia e una collaborazione professionale che lo porterà a scrivere per lui il pezzo "That's All I Need To Know". Eros è anche l'autore di "Come Saprei", la canzone con la quale la cantante Giorgia ha trionfato al Festival di Sanremo nel 1995.

Nella sua carriera Eros Ramazzotti ha pubblicato oltre 21 album, di cui 11 costituiti da pezzi inediti. Ha duettato con artisti di fama internazionale come Joe Cocker, Tina Turner e Cher, e venduto oltre sessanta milioni di dischi. Inoltre, nel 2000 ha fondato anche la sua piccola casa discografica "Radiorama" che ha prodotto, tra gli altri, un album per Gianni Morandi.

La sua enorme discografia rende difficile elencare solo alcuni brani di maggior notorietà. Oltre al suo primo grande successo sanremese "Terra promessa", ha spopolato con

- "Quanto amore sei", la canzone dedicata alla moglie Michelle e alla primogenita Aurora
- "Cose della vita", cantata con Tina Turner, il cui video è stato diretto da Spike Lee
- "Se bastasse una canzone", il primo singolo dell'album "In ogni senso" che lo ha proiettato ai vertici delle classifiche internazionali

Oltre alla musica, Eros Ramazzotti ha una seconda grande passione: il calcio. È tifoso della squadra della Juventus e attaccante tra i migliori della Nazionale Cantanti. Grazie al suo impegno umanitario a favore dai bambini, portato avanti insieme con la Nazionale Cantanti, nel 1992 ha conosciuto Michael Jackson, durante un viaggio a Los Angeles in compagnia di Gianni Morandi.

Eros Ramazzotti oggi è uno dei cantautori italiani di maggior successo mondiale. La sua musica ha portato il pop italiano in tutto il mondo, dall'Europa all'America Latina, fino agli USA.

Esercizi

La biografia del cantante

Dopo aver letto la biografia di Eros Ramazzotti, rispondi alle seguenti domande:

1. Ti sembra che il cantante descritto nella biografia abbia avuto un successo immediato?

   ....

   ....

2. Quale genere musicale caratterizza il cantante?

   ....

   ....

3. A quale tipo di pubblico si rivolge Eros Ramazzotti?

   ....

   ....

Le canzoni

Ascolta una delle canzoni elencate qui sotto e poi rispondi alle domande:

1. Terra promessa
2. Se bastasse una canzone
3. Quanto amore sei

Il titolo della canzone descrive una persona, un oggetto o un'azione?

....

Riscrivi il titolo della canzone usando un sinonimo.

....

Che ritmo ha la canzone?

....

Di cosa parla la canzone? Chi è il protagonista?

....

....

....

Hai riconosciuto un ritornello? Come fa?

....

....

Quali sono le parole ripetute più volte nella canzone?

....

....

Grammatica

Completa le frasi con l'aggettivo giusto:

bella   enorme   gran   grande   molti   molto   nuova   tanti

1. Eros Ramazzotti ha _____ successo anche all'estero.
2. La canzone "Terra promessa" è stata un _____ successo.
3. Il Festival di Sanremo si svolge in una _____ cittadina della Liguria.
4. Una canzone _____ che non è stata ancora pubblicata viene chiamata *inedita*.
5. Le canzoni di Eros Ramazzotti parlano di _____ argomenti.
6. Una _____ passione di Eros Ramazzotti è il gioco del calcio.
7. Nella sua carriera Eros Ramazzotti ha pubblicato _____ album.
8. La sua _____ discografia rende difficile elencare solo alcuni brani.

Scrivi il contrario dei seguenti aggettivi:

Molto _____   Bello _____

Nuovo _____   Tanto _____

Grande _____   Enorme _____

Laura Pausini

Laura Pausini nasce a Faenza. Il suo talento canoro è evidente sin da bambina, quando, anche senza aver mai preso lezioni di canto, si esibisce con successo nel coro della sua chiesa. Ben presto comincia ad affiancare il padre Fabrizio durante le serate di pianobar lungo la riviera romagnola.

La sua carriera vera e propria, però, comincia grazie alla partecipazione al Festival di Sanremo del 1993, nel quale si aggiudica il primo posto con il brano "La solitudine". Nel maggio dello stesso anno, pubblica il suo primo album omonimo. L'anno successivo torna al Festival di Sanremo da favorita, ma non vince. Tuttavia sale sul podio aggiudicandosi il terzo posto, con il brano "Strani amori". Subito dopo viene pubblicato il suo secondo album, intitolato "Laura", che contiene il successo sanremese e altri brani che hanno spopolato non solo in Italia.

Nel 1995 fa il suo debutto nel mercato inglese pubblicando la raccolta omonima e riscontra un enorme successo in Spagna e America Latina. Dal 1996 al 2000 lavora senza sosta: pubblica otto album di cui sette costituiti da brani inediti e, con il suo tour mondiale World Wide Tour 1997, canta in decine di città tra Europa e America Latina.

Il 1 gennaio 2010 annuncia una pausa di un anno. Come promesso, il 1 gennaio 2011 Laura Pausini ritorna sulle scene e nel novembre dello stesso anno pubblica un nuovo album dal titolo "Inedito".

L'anno successivo, annuncia la sua attesissima gravidanza, in occasione della festa annuale del Fan Club: per questo lieto evento, interrompe l'Inedito World Tour 2011-2012 e annulla tutti i suoi appuntamenti pubblici in calendario.

Lo stile musicale di Laura Pausini aderisce alla tipica musica leggera melodica italiana. Nel tempo, poi, ha subito qualche contaminazione di altri generi come le sonorità latine, il soul e il rock. Il suo modo di muoversi sul palcoscenico è molto rock.

Oltre i due brani sanremesi "La solitudine" e "Strani amori", le canzoni più famose di Laura Pausini sono:

- "Gente" contenuta nel secondo album,
- "Tra te e il mare", scritta da Biagio Antonacci,
- "Io Canto", colonna sonora dell'omonimo programma tv condotto da Gerry Scotti.

Non tutti sanno che Laura Pausini, nel corso della sua carriera, ha ottenuto decine e decine di premi e riconoscimenti internazionali. Nel 2006 ha anche vinto un Grammy Award, nella categoria Miglior Album Pop Latino e tre Latin Grammy Award. Nello stesso anno è stata insignita del prestigioso titolo di Commendatore della Repubblica Italiana.

Esercizi

La biografia della cantante

Dopo aver letto la biografia di Laura Pausini, rispondi alle seguenti domande:

1. Ti sembra che la cantante descritta nella biografia abbia avuto un successo immediato?

   ………………………………………………………………………………………..

   ………………………………………………………………………………………..

2. Quale genere musicale caratterizza la cantante?

   ………………………………………………………………………………………..

   ………………………………………………………………………………………..

3. A quale tipo di pubblico si rivolge Laura Pausini?

   ………………………………………………………………………………………..

   ………………………………………………………………………………………..

Le canzoni

Ascolta una delle canzoni elencate qui sotto e poi rispondi alle domande:

1. La solitudine
2. Strani amori
3. Gente

Il titolo della canzone descrive una persona, un oggetto o un'azione?

....

Riscrivi il titolo della canzone usando un sinonimo.

....

Che ritmo ha la canzone?

....

Di cosa parla la canzone? Chi è il protagonista?

....

....

....

Hai riconosciuto un ritornello? Come fa?

....

....

Quali sono le parole ripetute più volte nella canzone?

....

....

Grammatica

Completa le frasi con la parola giusta:

canto   capacità   dieci   famoso   pezzo   suono

1. *Talento* indica una _____ naturale.

2. *Canoro* indica una cosa riguardante il _____.

3. Un brano è un _____ musicale.

4. *Spopolare* significa diventare molto _____.

5. *Sonorità* indica la qualità o l'intensità di un _____.

6. Una *decina* equivale a un gruppo di _____ cose.

Scrivi il contrario dei seguenti aggettivi:

Primo   _____

Uguale   _____

Nuovo   _____

Famoso   _____

Prestigioso   _____

Giorgia

Giorgia Todrani, in arte Giorgia, è una delle voci più belle del panorama italiano e internazionale. Nasce a Roma e si forma dal punto di vista musicale con il tenore Luigi Rumbo. Comincia la sua carriera di cantante sui palcoscenici dei locali della capitale, sempre unica donna in gruppi musicali tutti al maschile, come gli "Io Vorrei la Pelle Nera", i "Friends Acoustic Night" e il "Giorgia Todrani's Group", cimentandosi con sonorità jazz, blues, rock e reggae.

La prima grande occasione di collaborare con i grandi della musica arriva nel 1991 quando, ancora giovanissima, Zucchero Fornaciari la vuole nei cori di Miserere, insieme ad un altrettanto giovane Andrea Bocelli.

La ribalta, però, arriva tre anni più tardi. Nel 1993 Giorgia partecipa per la prima volta a Sanremo Giovani, si classifica prima e accede al Festival di Sanremo nella categoria Nuove Proposte per l'anno successivo. In questa occasione canta "E poi", ma si classifica settima. Nonostante la delusione, si ripresenta al Festival di Sanremo nel 1995 e, con il brano "Come Saprei", si aggiudica la vittoria della gara canora più famosa d'Italia e diventa la prima artista a vincere allo stesso tempo anche il Premio della Critica.

Nel 1996 torna nuovamente al Festival di Sanremo come artista da battere e conquista un altro primato: è l'unica nella storia della manifestazione sanremese alla quale sia stato concesso un bis.

Il 1997 è, poi, un anno di svolta per la cantante, grazie all'amicizia e al sodalizio artistico stretto con Pino Daniele, che dà vita a "Mangio troppa cioccolata": l'album vende 500 mila copie e raggiunge molti paesi europei come Francia, Belgio, Olanda, Germania, Svezia e Finlandia. Da quel momento, per Giorgia, la strada è spianata: dal 1999 al 2011 pubblica altri 4 album di grande successo, comincia una soddisfacente esperienza di conduttrice radiofonica su Radio2 e collabora con molti grandi artisti. L'ultimo in ordine cronologico è Lorenzo Cherubini (in arte Jovanotti) con il quale registra il brano "Tu mi porti su", contenuto nell'album "Dietro le apparenze".

Lo stile musicale con cui Giorgia ha ottenuto il successo è uno stile melodico e romantico capace di esaltare al massimo le sue doti canore. Nel 1997, però, la collaborazione con Pino Daniele ha segnato per lei una svolta che l'ha allontana dalle melodie sanremesi, rinnovando sia la sua immagine che la sua musica verso uno stile più pop-soul metropolitano.

Tra i brani più celebri interpretati da Giorgia vanno ricordati certamente quelli che hanno ricevuto uno straordinario successo al Festival di Sanremo: "Come saprei" del 1995 e "Strano il mio destino" dell'anno successivo, oltre che la famosissima "Gocce di memoria", brano principale della colonna sonora del film di Ferzan Ozpetek "La finestra di fronte": la canzone ha venduto oltre 120 mila copie ed è diventata il singolo più ascoltato del 2003.

Oltre ai suoi successi commerciali, l'orgoglio di Giorgia è un consenso globale verso le sue doti canore. La sua estensione vocale, infatti, è diventata famosa per aver raggiunto quella di un "mostro sacro" come Whitney Houston. Inoltre, grandi interpreti come Herbie Hancock e Michael Bublé hanno avuto per lei grandi attestati di stima. La rivista statunitense Billboard, ha detto di lei che sarebbe "in grado di ottenere lo stesso successo anche negli USA", mentre Elton John ha definito quella di Giorgia "una delle più belle voci del mondo".

Esercizi

La biografia della cantante

Dopo aver letto la biografia di Giorgia, rispondi alle seguenti domande:

1. Ti sembra che la cantante descritta nella biografia abbia avuto un successo immediato?

   ....

   ....

2. Quale genere musicale caratterizza la cantante?

   ....

   ....

3. A quale tipo di pubblico si rivolge Giorgia?

   ....

   ....

Le canzoni

Ascolta una delle canzoni elencate qui sotto e poi rispondi alle domande:

1. Come saprei
2. Strano il mio destino
3. Gocce di memoria

Il titolo della canzone descrive una persona, un oggetto o un'azione?

....

Riscrivi il titolo della canzone usando un sinonimo.

....

Che ritmo ha la canzone?

....

Di cosa parla la canzone? Chi è il protagonista?

....

....

....

Hai riconosciuto un ritornello? Come fa?

....

....

Scrivi alcune delle parole ripetute più volte nella canzone:

....

....

Grammatica

Completa le frasi con il verbo giusto:

sono   è   ha   hanno

1. Le canzoni di Giorgia _____ molto successo

2. Giorgia _____ una cantante famosa.

3. Gli album musicali di Giorgia _____ in vendita in molti paesi del mondo.

4. Giorgia _____ cantato al Festival di Sanremo varie volte.

Collega i verbi con la loro forma all'infinito:

ha	fare
sono	venire
canto	essere
fanno	tenere
vengono	avere
tiene	cantare

Francesco Renga

Francesco Renga nasce a Udine ma cresce a Brescia, dove vive ancora oggi. I suoi primi passi nel mondo della musica li muove già a 15 anni. Con il suo primo gruppo musicale, i "Modus Vivendi", vince il concorso bresciano Deskomusic. È in quella occasione che incontra il suo futuro: i Timoria, il gruppo rock a capo del quale verrà conosciuto dal pubblico italiano. All'epoca si chiamano Precious Time e sono ancora sconosciuti, ma non impiegheranno molto tempo per raccogliere il meritato successo con Francesco Renga come voce solista.

L'anno seguente vince nuovamente il concorso Deskomusic, ma stavolta con la sua nuova band, e comincia a conquistare grandi successi sui palchi di tutta Europa. In Italia il talento dei Timoria di Renga viene consacrato con la partecipazione a Sanremo nel 1991, dove portano a casa il Premio della Critica con il brano "L'uomo che ride".

Ma il legame con i Timoria non dura per sempre e con il nuovo millennio Francesco Renga comincia la sua carriera da solista. Nel 2000 esce il suo album omonimo e l'anno seguente partecipa al Festival di Sanremo nella categoria Giovani, vincendo il Premio della Critica con il brano "Raccontami". Nel 2005 arriva la sua consacrazione al grande pubblico con la vittoria del 55esimo Festival di Sanremo, nella categoria "Big", con il brano "Angelo".

La storia musicale di Renga impedisce di classificarlo in un solo genere musicale. I suoi esordi con i Timoria sono indiscutibilmente rock: il gruppo arriva al grande successo proprio per la formula vincente che unisce il rock duro delle chitarre dei

Timoria con la voce limpida e profonda di Renga. Ma la rottura con il gruppo e l'esordio da solista corrispondono anche ad un cambiamento di genere musicale: meno rock e molto più pop italiano, ma non solo. Renga spazia spesso e volentieri anche verso sonorità liriche.

Nel 2009 al Festival di Sanremo, è in gara con il brano "Uomo senza età", che cita la famosa Turandot di Giacomo Puccini, e duetta con la soprano Daniela Dessi; mentre nel 2012 è l'unico italiano a duettare con Placido Domingo nell'ultimo album dell'artista spagnolo, intitolato "Songs".

Tra le canzoni più celebri di Francesco Renga ci sono senza dubbio i brani con i quali ha più volte partecipato al Festival di Sanremo:

- "L'uomo che ride" insieme ai Timoria,
- "Raccontami" nel 2001,
- "Tracce di te" nel 2002,
- "Angelo" nel 2005,
- "Uomo senza età" nel 2009 e
- "La tua bellezza", l'ultimo successo di Sanremo del 2012.

Va ricordato anche il suo grande successo del Festivalbar 2004 "Meravigliosa".

Esercizi

La biografia del cantante

Dopo aver letto la biografia di Francesco Renga, rispondi alle seguenti domande:

1. Ti sembra che il cantante descritto nella biografia abbia avuto un successo immediato?

   ....

   ....

2. Quale genere musicale caratterizza il cantante?

   ....

   ....

3. A quale tipo di pubblico si rivolge Francesco Renga?

   ....

   ....

Le canzoni

Ascolta una delle canzoni elencate qui sotto e poi rispondi alle domande:

1. Uomo senza età
2. Tracce di te
3. Angelo

Il titolo della canzone descrive una persona, un oggetto o un'azione?

....

Riscrivi il titolo della canzone usando un sinonimo.

....

Che ritmo ha la canzone?

....

Di cosa parla la canzone? Chi è il protagonista?

....

....

....

Hai riconosciuto un ritornello? Come fa?

....

....

Quali sono le parole ripetute più volte nella canzone?

....

....

Grammatica

Separa i sostantivi dagli aggettivi:

primo concorso sconosciuto meritato successo carriera solo formula profonda ultimo gara grande celebre tracce storia esordio duro

Sostantivi	Aggettivi

Spiega il significato delle seguenti parole:

Esordio   _____

Carriera   _____

Gigi D'Alessio

Luigi D'Alessio, in arte Gigi D'Alessio, nasce a Napoli nel 1967. La sua passione musicale comincia presto: a 12 anni si iscrive ad un istituto di musica privato della sua città e impara a suonare il pianoforte. A 23 anni dirige già l'Orchestra Scarlatti e suona nei locali notturni di Napoli come pianista di Mario Merola, uno dei più famosi e stimati cantautori napoletani.

Gigi D'Alessio pubblica tre album prima di ottenere un successo nazionale con "Passo dopo passo", nel 1995, quando un suo concerto al Palapartenope accoglie otto mila persone. Gli bastano due anni per raddoppiare il suo successo di pubblico: nel 1997 pubblica un nuovo album intitolato "Fuori dalla mischia" e il suo concerto allo Stadio San Paolo vende 20 mila biglietti. L'anno seguente pubblica un nuovo album, dal titolo "È stato un piacere" e fa un'esperienza di attore: è il protagonista del film "Annaré", di cui firma anche la colonna sonora, diretto da Ninì Grassia con Fabio Testi e Orso Maria Guerrini. Nel 1999 pubblica "Portami con te" e si esibisce davanti a Bill Clinton, allora presidente degli Stati Uniti d'America, in occasione del Gala della National Italian American Foundation.

Lungo la sua carriera Gigi D'Alessio pubblica 22 album, di cui 14 con brani inediti, 2 solo per il mercato estero, tre dal vivo, due raccolte e un'edizione speciale. Il suo successo è internazionale e viene consacrato con la prima partecipazione al Festival di Sanremo nel 2000, con il brano "Non dirgli mai". La canzone non è tra le vincitrici del concorso, ma ottiene uno straordinario successo radiofonico. Nel 2002 il suo tour mondiale registra il tutto esaurito in USA, Canada, Australia ed Europa.

Al Festival di Sanremo Gigi D'Alessio torna altre due volte: nel 2005 con "L'amore che non c'è" e nel 2012, assieme a Loredana Berté, con la canzone "Respirare", che arriva ad un passo dal podio. L'ultimo successo internazionale, invece, è l'esibizione al Radio City Music Hall di New York del 2011, durante il quale viene insignito del premio "United States - Italy Friendship Award" dalla National Italian American Foundation.

Lo stile musicale di Gigi D'Alessio affonda le radici nella tradizione neomelodica napoletana. Tuttavia, nel tempo, la sua musica si è evoluta verso un pop italiano più moderno, prendendo in prestito spesso e volentieri anche sonorità latinoamericane.

Tra i suoi maggiori successi:

- "Non dirgli mai", la prima canzone portata al Festival di Sanremo
- "Annaré", brano della colonna sonora del film omonimo.

Esercizi

La biografia del cantante

Dopo aver letto la biografia di Gigi D'Alessio, rispondi alle seguenti domande:

1. Ti sembra che il cantante descritto nella biografia abbia avuto un successo immediato?

   ....

   ....

2. Quale genere musicale caratterizza il cantante?

   ....

   ....

3. A quale tipo di pubblico si rivolge Gigi D'Alessio?

   ....

   ....

Le canzoni

Ascolta una delle canzoni elencate qui sotto e poi rispondi alle domande:

1. Non dirgli mai
2. L'amore che non c'è
3. Respirare

Il titolo della canzone descrive una persona, un oggetto o un'azione?

....

Riscrivi il titolo della canzone usando un sinonimo.

....

Che ritmo ha la canzone?

....

Di cosa parla la canzone? Chi è il protagonista?

....

....

....

Hai riconosciuto un ritornello? Come fa?

....

....

Quali sono le parole ripetute più volte nella canzone?

....

....

Grammatica

Correggi gli errori nelle frasi:

1. Gigi D'Alessio è una cantante italiano.
2. Le canzone "Non dirgli mai" è stata un gran successo.
3. Gli stile musicale di Gigi D'Alessio spesso è melodico.
4. Il nomi d'arte di Luigi D'Alessio è Gigi D'Alessio.
5. Gigi D'Alessio hai partecipato al Festival di Sanremo.
6. Un duetto indica una canzone cantata da due cantante.
7. Gigi D'Alessio ha lavorato come attore in uno film.
8. Il successo internazionale rappresentano un grande onore per un cantante.

Completa le frasi:

1. Gigi D'Alessio canta spesso _____ melodiche.
2. Molti artisti usano un nome _____ .
3. Due cantanti possono cantare insieme in un _____ .
4. Il _____ di Sanremo è una gara canora.
5. Alcune canzoni diventano anche dei _____ successi internazionali.

Tiziano Ferro

Tiziano Ferro nasce a Latina nel 1980. Fin da bambino manifesta interesse e talento per la musica. A 5 anni comincia a comporre con la sua prima tastiera e ben presto inizia a seguire corsi di chitarra, pianoforte, batteria e canto. A 16 anni entra nel coro Gospel della sua città, dove si appassiona alle musicalità proprie della comunità afroamericana.

La sua carriera di cantautore non decolla velocemente: molte etichette discografiche lo rifiutano, finché la EMI decide di pubblicare il suo primo album grazie alla fiducia riposta in lui dai produttori Alberto Salerno e Mara Maionchi. È il 2001 quando viene pubblicato "Rosso relativo", il suo primo lavoro. Il primo singolo "Xdono", diventa il successo dell'anno e viene registrato anche in spagnolo riscuotendo ampi consensi dal pubblico iberico, tanto che, due anni dopo, è l'unico artista italiano candidato ai Grammy. Da quel momento la sua musica non si limita ai confini italiani e spagnoli, ma supera l'oceano arrivando in Sud America.

Il suo secondo album, dal titolo "111", viene pubblicato anche in spagnolo e vende più di un milione di copie; il suo terzo album, dal titolo "Nessuno è solo", viene diffuso in 44 paesi e scala le classifiche europee e sudamericane, e il suo quarto album "Alla mia età" viene distribuito contemporaneamente in 42 paesi. Nel 2010 Tiziano Ferro riceve la sua consacrazione internazionale, grazie al duetto con Mary J. Blige, star dell'R&B, con il brano "Each Tear". Tiziano Ferro, nel corso della sua carriera, ha venduto quasi 8 milioni di copie dei suoi dischi.

Il suo stile musicale è qualcosa di totalmente nuovo nel panorama musicale italiano. Egli stesso la chiama "e-music" perché è una musica piena d'influenze e contaminazioni, nata dalla generazione di internet. In particolare, la musica di Ferro unisce le sonorità Rithm & Blues e quelle latinoamericane alla musica melodica italiana.

Tra i brani di maggior successo di Tiziano Ferro, vanno ricordati certamente "Xdono" e "Xverso", singoli d'apertura rispettivamente del primo e del secondo album. Grandissimi consensi di pubblico hanno ricevuto anche i brani "Rosso relativo", dall'omonimo album, "Stop! Dimentica", "Il regalo più grande" e "La differenza tra me e te".

Non tutti sanno che tra il 1996 e il 1997, Tiziano Ferro ha partecipato ad un corso a distanza per doppiatore cinematografico. Il suo primo lavoro da doppiatore professionista lo ha conquistato nel 2005, quando ha prestato la voce all'intraprendente pesciolino Oscar del film della DreamWorks Animation "Shark Tale".

Esercizi

La biografia del cantante

Dopo aver letto la biografia di Tiziano Ferro, rispondi alle seguenti domande:

1. Ti sembra che il cantante descritto nella biografia abbia avuto un successo immediato?

   ....

   ....

2. Quale genere musicale caratterizza il cantante?

   ....

   ....

3. A quale tipo di pubblico si rivolge Tiziano Ferro?

   ....

   ....

Le canzoni

Ascolta una delle canzoni elencate qui sotto e poi rispondi alle domande:
1. La differenza tra me e te
2. Xverso
3. Il regalo più grande

Il titolo della canzone descrive una persona, un oggetto o un'azione?

....

Riscrivi il titolo della canzone usando un sinonimo.

....

Che ritmo ha la canzone?

....

Di cosa parla la canzone? Chi è il protagonista?

....

....

....

Hai riconosciuto un ritornello? Come fa?

....

....

Quali sono le parole ripetute più volte nella canzone?

....

....

Grammatica

Completa le frasi:

1. Tiziano Ferro manifest___ interesse e talento per la musica sin da bambino.
2. L___ su___ carriera di cantautore non decolla velocemente.
3. Il suo primo album ____ chiama "Rosso relativo".
4. Il suo successo musical___ non si limita ai confini italiani.
5. Il suo secondo album vende più di un milione di copi____.
6. Il suo stil___ musical___ non è tradizionale.
7. Uno de___ bran___ di maggior successo si intitola "Xdono".
8. Tiziano Ferro ____ anche lavorato come doppiatore.

Scrivi il plurale dei nomi:

Canzone _____   Musica _____

Successo _____   Gara   _____

Brano   _____   Stile   _____

Gemelli Diversi

I Gemelli Diversi sono un gruppo Hip Hop italiano, nato a Milano nel 1998 e composto dal DJ Alessandro Merli, in arte THG, il cantante Francesco Stranges, in arte Strano, il rapper Emanuele Busnaghi, detto Thema, il rapper Luca Aleotti, in arte Grido.

Per i Gemelli Diversi la prima apparizione sulla scena musicale italiana avviene con un brano dei Pooh, "Dammi solo un minuto", trasformata in chiave rap e intitolata "Un attimo ancora". Nello stesso anno il gruppo pubblica il primo album, dal titolo "Nessuno", e apre tutti i concerti degli Articolo 31, il gruppo Hip Hop, allora all'apice del successo, di J-Ax, all'anagrafe Alessandro Aleotti, fratello di Luca (Grido) dei Gemelli Diversi.

Nel 2001 il gruppo conquista una nuova fetta di pubblico oltre gli amanti del rap, aprendo i concerti di Eros Ramazzotti. Dal 2000 al 2007 pubblicano 5 album. Nel 2009 partecipano al Festival di Sanremo, con il brano "Vivi per un Miracolo", una canzone cruda e audace di condanna contro la povertà e la violenza familiare. Nel 2011, Grido pubblica il suo primo album da solista, dal titolo "Io Grido". Molti parlano dello scioglimento del gruppo, che viene smentito dai suoi membri. L'album di Grido, infatti, vede la collaborazione di THG, prova che nel gruppo c'è armonia. Nel 2012, infatti, esce un nuovo album dei Gemelli Diversi: si chiama "Tutto da capo".

I Gemelli Diversi sono nati e cresciuti musicalmente nella Spaghetti Funk, il gruppo fondato da J-Ax e molto attivo nel campo del Rap e dell'Hip Hop. La loro musica si caratterizza per un miscuglio di Rap e musica melodica italiana.

Tra i brani più famosi del gruppo, va ricordato certamente il loro singolo di esordio, "Un attimo ancora", che è stato uno straordinario successo radiofonico, nonostante fossero ancora sconosciuti al grande pubblico. Un altro singolo di grande successo è "Mary", pubblicato nel 2003. La canzone ha un tema sociale di grande intensità che porta il brano ai primi posti delle classifiche per ben 8 mesi e fa vincere ai Gemelli Diversi il premio come Best Italian Act agli MTV European Music Awards.

Oltre ai loro successi musicali, i Gemelli Diversi hanno realizzato anche altre tipologie di progetti. Ad esempio, nel 1999 e nel 2000 hanno scritto la canzone per una pubblicità della Coca Cola, mentre nel 2006 hanno condotto un programma su MTV, dal titolo Pimp My Wheels, la versione italiana del programma statunitense Pimp My Ride.

Esercizi

La biografia dei cantanti

Dopo aver letto la biografia dei Gemelli Diversi, rispondi alle seguenti domande:

1. Ti sembra che i cantanti descritti nella biografia abbiano avuto un successo immediato?

   ....

   ....

2. Quale genere musicale caratterizza i cantanti?

   ....

   ....

3. A quale tipo di pubblico si rivolgono i Gemelli Diversi?

   ....

   ....

Le canzoni

Ascolta una delle canzoni elencate qui sotto e poi rispondi alle domande:

1. Un attimo ancora
2. Per farti sorridere
3. Anima Gemella

Il titolo della canzone descrive una persona, un oggetto o un'azione?

....

Riscrivi il titolo della canzone usando un sinonimo.

....

Che ritmo ha la canzone?

....

Di cosa parla la canzone? Chi è il protagonista?

....

....

....

Hai riconosciuto un ritornello? Come fa?

....

....

Quali sono le parole ripetute più volte nella canzone?

....

....

Grammatica

Completa le frasi con le preposizioni:

di   a   da   in   con   su   per   tra   fra

1. I Gemelli Diversi sono un gruppo musicale composto _____ quattro persone.
2. _____ i Gemelli Diversi la prima apparizione sulla scena musicale italiana avviene con un brano dei Pooh.
3. Nel 2009 vanno _____ Sanremo e partecipano al Festival.
4. La loro musica mischia il Rap _____ la musica melodica italiana.
5. _____ i brani più famosi del gruppo va ricordato il singolo "Un attimo ancora".
6. I Gemelli Diversi hanno realizzato vari tipi _____ progetti.
7. Hanno condotto un programma _____ MTV.
8. _____ gli elementi del gruppo c'è armonia.
9. Nel 2011, il rapper Luca Aleotti, _____ arte Grido. pubblica il suo primo album da solista.

Scrivi il singolare dei nomi:

Persone	_____	Gemelli	_____
Progetti	_____	Musiche	_____
Elementi	_____	Solisti	_____

Emma

Emmanuela Marrone, in arte Emma, nasce a Firenze nel 1984 e cresce nella provincia di Lecce. Le sue esperienze sul palcoscenico cominciano molto presto: all'età di 9 anni si esibisce già con i Karadreon, nei locali o in occasione di feste popolari. In seguito canta con il gruppo H2O.

Le sue esperienze in televisione cominciano nel 2003, anno in cui partecipa al concorso per giovani talenti Superstar Tour: il programma ha l'obiettivo di creare un gruppo musicale femminile composto da 3 ragazze. Emma si guadagna uno dei tre posti disponibili e comincia la sua breve avventura con le Lucky Star: le tre ottengono un contratto con la casa discografica Universal, ma non riescono a rimanere insieme per molto. Nel 2009, infatti, lasciatasi alle spalle l'esperienza con le Lucky Star, Emma passa le selezioni e vince la nona edizione del talent show Amici di Maria de Filippi, che le consente di arrivare ad ottenere una grande notorietà presso il pubblico italiano. La partecipazione ad Amici le vale un nuovo contratto discografico con la Universal, questa volta, però, come solista. Il primo album si intitola "Oltre". L'anno successivo Emma pubblica il primo album di brani inediti, intitolato "A me piace così", seguito da "Sarò libera" del 2011.

Lo stile musicale di Emma strizza molto l'occhio al rock. La sua musica è grintosa e passionale e le sue canzoni pop contengono quelle sonorità rock che ben si accordano al suo look alternativo e deciso.

Tra le sue canzoni più famose, ricordiamo "Calore" il suo primo successo, e le due canzoni con cui ha trionfato al Festival di Sanremo: "Arriverà" cantata insieme ai Modà con i quali ha ottenuto il secondo posto nel 2011, e "Non è l'inferno", con il quale ha vinto l'edizione 2012.

Non tutti sanno che, nonostante la sua giovane età, Emma si è ammalata di tumore nel 2009, guarendo completamente dopo un'operazione chirurgica. Da quel momento Emma è sempre molto attiva nella lotta contro il cancro. Dal maggio 2011, infatti, è portavoce dell'AIRC (Associazione Italiana per la Ricerca sul Cancro).

Esercizi

La biografia della cantante

Dopo aver letto la biografia di Emma, rispondi alle seguenti domande:

1. Ti sembra che la cantante descritta nella biografia abbia avuto un successo immediato?

   ....

   ....

2. Quale genere musicale caratterizza la cantante?

   ....

   ....

3. A quale tipo di pubblico si rivolge Emma?

   ....

   ....

Le canzoni

Ascolta una delle canzoni elencate qui sotto e poi rispondi alle domande:

1. Calore
2. Arriverà
3. Non è l'inferno

Il titolo della canzone descrive una persona, un oggetto o un'azione?

....

Riscrivi il titolo della canzone usando un sinonimo.

....

Che ritmo ha la canzone?

....

Di cosa parla la canzone? Chi è il protagonista?

....

....

....

Hai riconosciuto un ritornello? Come fa?

....

....

Quali sono le parole ripetute più volte nella canzone?

....

....

Grammatica

Completa le frasi con una preposizione articolata:

al   alle   dei   del   della   nella

1. Emma ha cominciato la sua carriera cantando _____ feste popolari _____ sua regione.

2. Nel 2003 partecipa _____ concorso per giovani talenti Superstar Tour.

3. Emma si guadagna uno _____ tre posti disponibili.

4. Nel 2009, Emma si lascia _____ spalle l'esperienza con le Lucky Star.

5. Vince la nona edizione _____ talent show Amici di Maria de Filippi.

6. Emma è molto attiva _____ lotta contro il cancro.

Completa i verbi riflessivi:

Io **_mi_** guadagno

Tu _____ guadagni

Egli/ella/esso _____ guadagna

Noi _____ guadagniamo

Voi _____ guadagnate

Essi _____ guadagnano

Modà

I Modà sono un gruppo musicale italiano nato nel 2002 e composto da Francesco "Kekko" Silvestre (voce), Enrico Zapparoli (chitarra), Diego Arrigoni (chitarra elettrica), Stefano Forcella (basso) e Claudio Dirani (batteria).

Come molti gruppi musicali, cominciano suonando dal vivo nei locali. Nel 2004 firmano il primo contratto discografico con la New Music e pubblicano il primo e il secondo singolo "Ti amo veramente", che dà il nome all'album, e "Dimmi che non hai paura". Nel 2005 ottengono un grande successo partecipando al Festival di Sanremo nella sezione Giovani, con il brano "Riesci a innamorarmi". Pochi anni dopo ottengono un nuovo contratto con una casa discografica più importante, la Baraonda, che consente loro di pubblicare un grande successo commerciale: il brano "Timida", per 40 settimane in cima alle classifiche e disco di platino.

Nel 2010 cambiano nuovamente casa discografica: con la Ultrasuoni pubblicano "Sono già solo", straordinario successo radiofonico. Cominciano quindi un tour che li porta in 50 città italiane. Ulteriori consensi di pubblico arrivano nel 2011, quando partecipano al Festival di Sanremo insieme ad Emma Marrone, e arrivano secondi alla 55esima edizione del concorso canoro più famoso d'Italia con il brano "Arriverà".

I Modà sono un gruppo pop rock. La loro musica è giovane e fresca e riscuote grande successo in un pubblico eterogeneo e soprattutto negli adolescenti.

Il loro pezzo più conosciuto è "Arriverà", il brano cantato con la cantante Emma al Festival di Sanremo ed anche insieme a Francesco Renga nella serata dei duetti. L'altro singolo di maggior successo è "Sono già solo" molto trasmesso nelle radio di tutta Italia.

Francesco Silvestre, in arte Kekko, ha anche pubblicato la biografia del gruppo, intitolata "Come un pittore", che racconta la storia del gruppo prima e dopo il successo. È Kekko, infatti, l'anima dal gruppo: cantante principale, autore dei testi e degli arrangiamenti. Il suo talento di cantautore lo ha portato a realizzare progetti anche al di fuori dei Modà: ha scritto canzoni per molte cantanti italiane come Emma Marrone e Alessandra Amoroso. È scritto da lui, ad esempio, il brano "Non è l'inferno" con cui Emma vinse il Festival di Sanremo nel 2012.

Esercizi

La biografia dei cantanti

Dopo aver letto la biografia dei Modà, rispondi alle seguenti domande:

1. Ti sembra che i cantanti descritti nella biografia abbiano avuto un successo immediato?

   ....

   ....

2. Quale genere musicale caratterizza il gruppo?

   ....

   ....

3. A quale tipo di pubblico si rivolgono i Modà?

   ....

   ....

Le canzoni

Ascolta una delle canzoni elencate qui sotto e poi rispondi alle domande:

1. Arriverà
2. Riesci a innamorarmi
3. Timida

Il titolo della canzone descrive una persona, un oggetto o un'azione?

....

Riscrivi il titolo della canzone usando un sinonimo.

....

Che ritmo ha la canzone?

....

Di cosa parla la canzone? Chi è il protagonista?

....

....

....

Hai riconosciuto un ritornello nella canzone? Come fa?

....

....

Quali sono le parole ripetute più volte nella canzone?

....

....

Grammatica

Completa le frasi con gli aggettivi possessivi:

mio   tuo   suo   nostro   vostro   loro

1. I Modà firmano il _____ primo contratto discografico nel 2004.
2. Francesco Silvestre dice: "Il _____ nome d'arte è *Kekko*".
3. Kekko ha pubblicato la biografia del _____ gruppo.
4. Kekko, qual è il _____ genere musicale preferito?.
5. Dicono i Modà: "Il _____ genere musicale preferito è il pop-rock".
6. Ragazzi, il _____ stile ha successo soprattutto tra gli adolescenti.

Completa inserendo le particelle pronominali:

Io **mi** chiamo

Tu ____ chiami

Egli, ella, esso ____ chiama

Noi ____ chiamiamo

Voi ____ chiamate

Essi ____ chiamano

Appendice

Come e dove ascoltare le canzoni

Siti internet dove ascoltare le canzoni gratuitamente:

www.youtube.com

Siti internet dove ascoltare e acquistare le canzoni:

www.amazon.com

https://itunes.apple.com

Dove trovare i testi delle canzoni

Siti internet che riportano i testi delle canzoni:

www.angolotesti.it

www.metrolyrics.com

Soluzioni

Zucchero

Articoli:

1. Zucchero è **un** cantante famoso.
2. **La** canzone "Donne" è stata un gran successo.
3. Un album contiene **una** raccolta di canzoni.
4. **Il** nome d'arte di Adelmo Fornaciari è Zucchero.
5. Al Festival di Sanremo si esibiscono **i** cantanti.
6. Il Blues è **uno** stile musicale.
7. **Le** canzoni di Zucchero parlano di tanti argomenti.
8. Una delle passioni di Zucchero sono **gli** animali.
9. **Lo** stile musicale di Zucchero si ispira al Blues.

Sinonimi:

Enorme:	Molto grande, gigantesco, immenso
Immediato:	Istantaneo, rapido
Numerosi:	Tanti, molteplici, parecchi

Eros Ramazzotti

Aggettivi:

1. Eros Ramazzotti ha **molto** successo anche all'estero.

2. La canzone "Terra promessa" è stata un **gran** successo.

3. Il Festival di Sanremo si svolge in una **bella** cittadina della Liguria.

4. Una canzone **nuova** che non è stata ancora pubblicata viene chiamata *inedita*.

5. Le canzoni di Eros Ramazzotti parlano di **tanti** argomenti.

6. Una **grande** passione di Eros Ramazzotti è il gioco del calcio.

7. Nella sua carriera Eros Ramazzotti ha pubblicato **molti** album.

8. La sua **enorme** discografia rende difficile elencare solo alcuni brani.

Contrari:

Molto	*Poco*
Nuovo	*Vecchio*
Grande	*Piccolo*
Bello	*Brutto*
Tanto	*Poco*
Enorme	*Minuscolo*

Laura Pausini

Parole:

1. Talento indica una **capacità** naturale.

2. Canoro indica una cosa riguardante il **canto.**

3. Un brano è un **pezzo** musicale.

4. Spopolare significa diventare molto **famoso.**

5. Sonorità indica la qualità o l'intensità di un **suono**.

6. Una *decina* equivale a un gruppo di **dieci** cose.

Contrari:

Primo   *Ultimo*

Uguale   *Diverso*

Nuovo   *Vecchio*

Famoso   *Sconosciuto*

Prestigioso   *Poco importante*

Giorgia

Verbi:

1. Le canzoni di Giorgia **hanno** molto successo.

2. Giorgia **è** una cantante famosa.

3. Gli album musicali di Giorgia **sono** in vendita in molti paesi del mondo.

4. Giorgia **ha** cantato al Festival di Sanremo varie volte.

Collega i verbi:

ha	avere
sono	essere
canto	cantare
fanno	fare
vengono	venire
tiene	tenere

Francesco Renga

Sostantivi e aggettivi:

Sostantivi	Aggettivi
concorso	*primo*
successo	*sconosciuto*
carriera	*meritato*
formula	*solo*
gara	*profonda*
tracce	*ultimo*
storia	*grande*
esordio	*celebre*
	duro

Significati:

Esordio   *Debutto, prima apparizione.*

Carriera   *Avanzamento o percorso professionale.*

Gigi D'Alessio

Errori:

1. Gigi D'Alessio è **un** cantante italiano.

2. **La** canzone "Non dirgli mai" è stata un gran successo.

3. **Lo** stile musicale di Gigi D'Alessio spesso è melodico.

4. Il **nome** d'arte di Luigi D'Alessio è Gigi D'Alessio.

5. Gigi D'Alessio **ha** partecipato al Festival di Sanremo.

6. Un duetto indica una canzone cantata da due **cantanti**.

7. Gigi D'Alessio ha lavorato come attore in **un** film.

8. Il successo internazionale **rappresenta** un grande onore per un cantante.

Frasi:

1. Gigi D'Alessio canta spesso **canzoni** melodiche.

2. Molti artisti usano un nome **d'arte**.

3. Due cantanti possono cantare insieme in un **duetto**.

4. Il **Festival** di Sanremo è una gara canora.

5. Alcune canzoni diventano anche dei **grandi** successi internazionali.

Tiziano Ferro

Completa le frasi:

1. Tiziano Ferro **manifesta** interesse e talento per la musica sin da bambino.
2. **La sua** carriera di cantautore non decolla velocemente.
3. Il suo primo album **si** chiama "Rosso relativo".
4. Il suo successo **musicale** non si limita ai confini italiani.
5. Il suo secondo album vende più di un milione di **copie**.
6. Il suo **stile musicale** non è tradizionale.
7. Uno **dei brani** di maggior successo si intitola "Xdono".
8. Tiziano Ferro **ha** anche lavorato come doppiatore.

Plurali:

Canzone	*Canzoni*	Musica	*Musiche*
Successo	*Successi*	Gara	*Gare*
Brano	*Brani*	Stile	*Stili*

Gemelli Diversi

Preposizioni:

1. I Gemelli Diversi sono un gruppo musicale composto **da** quattro persone.
2. **Per** i Gemelli Diversi la prima apparizione sulla scena musicale italiana avviene con un brano dei Pooh.
3. Nel 2009 vanno **a** Sanremo e partecipano al Festival.
4. La loro musica mischia il Rap **con** la musica melodica italiana.
5. **Tra** i brani più famosi del gruppo va ricordato il singolo "Un attimo ancora".
6. I Gemelli Diversi hanno realizzato vari tipi **di** progetti.
7. Hanno condotto un programma **su** MTV.
8. **Fra** gli elementi del gruppo c'è armonia.
9. Nel 2011, il rapper Luca Aleotti, **in** arte Grido. pubblica il suo primo album da solista.

Singolari:

Persone: ***Persona***   Gemelli: ***Gemello***

Progetti: ***Progetto***   Musiche: ***Musica***

Elementi: ***Elemento***   Solisti: ***Solista***

Emma

Preposizioni articolate:

1. Emma ha cominciato la sua carriera cantando **alle** feste popolari **della** sua regione.
2. Nel 2003 partecipa **al** concorso per giovani talenti Superstar Tour.
3. Emma si guadagna uno **dei** tre posti disponibili.
4. Nel 2009, Emma si lascia **alle** spalle l'esperienza con le Lucky Star.
5. Vince la nona edizione **del** talent show Amici di Maria de Filippi.
6. Emma è molto attiva **nella** lotta contro il cancro.

Verbi riflessivi:

Io *mi* guadagno

Tu *ti* guadagni

Egli/esso/essa *si* guadagna

Noi *ci* guadagniamo

Voi *vi* guadagnate

Essi *si* guadagnano

Modà

Aggettivi possessivi:

1. I Modà firmano il **loro** primo contratto discografico nel 2004.

2. Francesco Silvestre dice: "Il **mio** nome d'arte è *Kekko*".

3. Kekko ha pubblicato la biografia del **suo** gruppo.

4. Kekko, qual è il **tuo** genere musicale preferito?.

5. Dicono i Modà: "Il **nostro** genere musicale preferito è il pop-rock".

6. Ragazzi, il **vostro** stile ha successo soprattutto tra gli adolescenti.

Particelle pronominali:

Io **mi** chiamo   Noi **ci** chiamiamo

Tu **ti** chiami   Voi **vi** chiamate

Egli, ella, esso **si** chiama   Essi **si** chiamano

Find readers, fiction, non-fiction, and more at
www.LongBridgePublishing.com

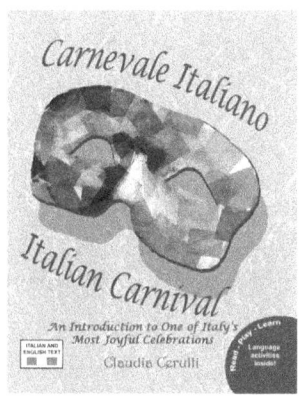

www.ingramcontent.com/pod-product-compliance
Lightning Source LLC
LaVergne TN
LVHW061346060426
835512LV00012B/2588